Halloween

ist ja mittlerweile jedem Gruselfan ein Begriff. Es macht auch mir jedes Jahr richtig viel Spaß, die Wohnung mit Geistern, Kürbissen und Spinnweben zu schmücken. Auch ziehen immer mehr Kinder in der Nacht zum 1. November durch die Straßen. Klar, so eine Extra-Ration Süßigkeiten würde ich mir auch nicht entgehen lassen! Da gibt es natürlich einiges zu Basteln: von „spinnenden" Teelichtern, über Sensemann bis zur Burg Grauenfels reichen die Vorschläge in diesem Buch. Aber Halloween ist nicht das einzige Herbstfest, das in Amerika gefeiert wird. Immer am 4. Donnerstag im November kommt die ganze Familie zusammen um Thanksgiving zu feiern! Beim großen Festschmaus, sehr zum Leidwesen der Truthähne, dankt man für eine reiche Ernte, viele Kürbisse und einen farbenfrohen Herbst. Feiern Sie mit!

Viel Spaß wünscht

Christiane Steffan

Materialien und Werkzeug

Materialien

Bastelpapiere gibt es in vielen Sorten und mit tollen Aufdrucken. Wie man Muster auf Papier überträgt, steht unter „So geht's". Fimo wird wie Knet geformt und kann im Backofen (130°C/30Min.) dauerhaft gehärtet werden. Figuren aus Pluster-Pen werden nach dem Trocknen durch Wärme „aufgeplustert". Man kann sie auch als Window-Color-Kontur benutzen. Glitter-Pen nur auftragen und trocknen. Genaue Angaben findet man auf den Stiften. Moosgummi kann wie Papier verarbeitet werden und ist witterungsbeständig. In Metallfolie kann man Muster prägen (spezieller Prägestift oder leerer Kugelschreiber). Folie dazu auf weiche Unterlage legen (z.B. Moosgummi). Window-Color ganz kurz: Vorlage unter eine Folie legen (weiche Folie = Motiv abziehbar; feste Mobilefolie zB. für Windräder = Motiv nicht abziehbar), Umrisse lückenlos mit Konturenmittel nachfahren, nach dem Trocknen (ca. 3 Std.) satt mit Farbe auffüllen. Bild 24 Std. trocknen lassen, abziehen oder ausschneiden.

Schneidewerkzeuge

Zum Schneiden haben sich Silhouettenschere und Cuttermesser bewährt. Kinder sollten nur mit speziellen Kinderscheren schneiden! Wird Fotokarton umgebogen, sollte man die Falzlinie leicht anritzen. Dazu kann man eine zusammengelegte Silhouettenschere benutzen!

Klebstoffe

Für Papier ist Alleskleber (Tube od. Flasche) ideal. Auf kleine Teile kann man ihn mit einem Wattestäbchen auftragen. Klebestifte sind prima, wenn der Kleber nicht flüssig sein soll (z.B. Indianerborten od. Krepppapier aufkleben). Zum starken Verkleben nimmt man eine Heißklebepistole. Klebekissen (z.B. Uhu fix&fest, Schreibbedarf) dienen als Abstandshalter bei Fensterbildern. Man kann sie kleiner schneiden.

Stifte

Zum Malen von Augen, Mund und sonstigen Linien schwarze Fineliner verwenden. Für rote Backen nimmt man Holzfarbstifte. Entweder direkt damit aufmalen oder Stift anspitzen, Farbstaub mit Wattestäbchen oder Finger auftragen.

So geht´s

1. Transparentpapier auf die Vorlage legen und mit Tesafilm sichern. Die Einzelteile mit einem harten Bleistift nebeneinander abzeichnen.

2. Transparentpapier umdrehen und die Linien auf der Rückseite mit einem weichen Bleistift nachfahren.

3. Transparentpapier wiederum wenden und auf das Bastelmaterial, z.B. Fotokarton legen. Linien mit einem harten Bleistift abzeichnen. Jetzt ist Ihr Motiv seitenrichtig auf dem Papier.

Für Fensterbilder u. Mobiles müssen viele Teile doppelt gefertigt werden. Hierzu werden sie gleichzeitig aus zwei Lagen Karton geschnitten, diese vorher mit Tesa zusammenkleben. Dies ergibt zwei genau aufeinander passende Teile, eines davon seitenverkehrt.
Alle Motive kann man größer kopieren und, wenn man die gestrichelten Linien weglässt, auch in Window-Color arbeiten.

Burg Grauenfels

Der Nebel streicht durchs Gräberfeld,
der Mond steht still und fürcht sich selbst,
der Hausherr dir die Hand hinhält:
Willkommen auf Burg Grauenfels!

Material: Fotokarton Schwarz, Tonpapierrest Grün
Transparentpapier Geister, Fledermäuse, Rot,
Gelb, Orange, Lila
Schwarzer Filzstift

Burg zweimal ausschneiden (Dächer sollen in gleiche Richtung zeigen), mit Transparentpapieren hinterkleben. Türseiten umbiegen, Katze und Besen anbringen. Zwei Seitenteile zuschneiden (20 cm Höhe x 14 cm Breite) und je links und rechts 1 cm Klebekante umfalzen. Seitenteile zwischen die Burgen kleben. Grabsteine ausschneiden, mit Papierkeilen (s. Vorlage) stützen.

Tipp: Wellt sich der Mond zu sehr nach innen? Einfach einen zusätzlichen Rand aus Wellpappe aufkleben (Welle entgegen der Biegung).

Truthähne

**Im Truthahn-Stall, da geht's hoch her,
bis Thanksgiving ist´s nicht lange mehr.
Für seinen Braten muss sich der Bauer beeilen,
da die Kerle an einem Fluchtplan feilen!!**

Material: Fotokarton Schwarz, Weiß, Rot, Gelb, Braun, Regenbogenfarbig
Federn in Brauntönen
Schwarzer Filzstift
Klebekissen

Der frontale Truthahn wird zweimal komplett fertiggestellt (1 x seitenverkehrt). Beim anderen Truthahn Schnabel, Kamm und Füße einmal ausschneiden, Rest zweimal. Die Körper zusammenfügen, Federn mit einkleben.

Damit die Truthähne plastischer erscheinen, habe ich zusätzlich Klebekissen verwendet (siehe Vorlage).

Einladung

Ball der Vampire

In Transsilvanien geht's heute Nacht rund, Dracula lädt ein, zum Mitternachtspunsch!

Material: Fotokarton Schwarz, Rot, Haut, Lila, Weiß
Wellpappe Schwarz, Pfeifenputzer Schwarz u. Rot
Rote Teelichter, Trinkhalme, Filzstifte Schwarz u. Rot
Lackstifte Weiß u. Schwarz, Glitter-Pen Rubinrot

Sarg: Sarg und Deckel aus Fotokarton zuschneiden, falzen, umbiegen und zusammenkleben, Kreuz anbringen.

Einladungskarte: Karte zuschneiden (durchgezogene Linien schneiden, gestrichelte Linien falzen und biegen, siehe Bild). Mit schwarzem Lackstift Fledermäuse u.Spiralen aufmalen, mit Fun-Liner Schrift auftragen

Spinnen-Kerzen: Um ein Teelicht einen Wellpappestreifen (1,7 x 13 cm) kleben (Teelicht nicht mit festkleben), wieder abnehmen. Spinnenaugen mit Lackstift bemalen, umfalzen, in den Ring kleben. Teelicht wieder reinschieben. An einem Ende der Pfeifenputzerbeine (je 9 cm lang) etwas Plüsch abschneiden, vorsichtig in eine Welle des Ringes stecken. Alle Beine anbringen und zurechtbiegen.

Serviettenringe: Ring aus Wellpappe zusammenkleben (2 x 13 cm), Motiv anbringen.

Trinkhalme: Vampir und Vampira aus Fotokarton lt. Vorlage zusammenkleben, bemalen. Zwei Pfeifenputzer ineinander drehen, um den Strohhalm wickeln, Figur ankleben.

Um die Figuren aus Window-Color zu arbeiten, einfach die gestrichelten Linien der Vorlage weglassen.

Material:
Fotokarton
Schwarz, Haut
Rot, Weiß
Braun, Gelb
Dunkelblau
Türkis, Orange
Pink, Maigrün
Grün, Lila
Tonpapier in
Weiß (Skelett),
Rest Grün
(Kürbissstiel)
Kleines Stück
Schnur
Buntstifte
(Grün, Schwarz,
Rot, Orange)
Filzstift
Schwarz, Silber

Trick or Treat

Willst du heute Nacht deinen Frieden haben, dann rück schnell rüber, die süßen Gaben!

In der Vorlage ist gekennzeichnet, welche Teile einfach benötigt werden (z.B. Beine). Alle anderen zweimal zuschneiden (1 x seitenverkehrt). Gesichter, Tasche und Beine bemalen, dann erst andere Teile darüberkleben. Jede Figur komplett nach Vorlage basteln, Rückseite mit den seitenverkehrten Teilen ergänzen.

Süßes sonst gibt´s Saures

Diese Tüten halten ganz schön was aus, ein Kilo Bonbons trägst du damit locker nach Haus!

Tüten lt. Vorlage ausschneiden und zusammenkleben. Mit Fun-Linern bemalen, trocknen u. aufplustern. Aus Krepppapier Streifen schneiden: 6,5 cm; 4,5 cm, 2,5 cm x Umfang Tüte. Fransen reinschneiden, mit dem breitesten Streifen beginnend um die Tüte kleben. Grifflöcher stanzen (Locher). Zweimal zwei Pfeifenputzer zusammendrehen, diese beiden wiederum zusammendrehen, als Griff anbringen (von außen nach innen u. umbiegen). Fun-Liner-Figuren auf feste Folie malen, aufplustern, als Verzierung aufkleben.

Material:
Fotokarton Lila mit Spinnen-, Geister- u. Vampir-Aufdruck
Krepppapier Lila
Weiß, Gelb, Schwarz
Orange, Rot
Pluster-Pen Lila
Weiß, Gelb, Schwarz
Orange, Rot
Pfeifenputzer Lila
Gelb, Schwarz
Orange, Rot

Thanksgiving

Die Indianer und die neuen Siedler Amerikas, feierten vor vielen Jahren Thanksgiving zum ersten Mal!

Material: Fotokarton in Ockerbraun, Rot, Haut, Schwarz, Beige
Weiß, Grün, Orange, Blau, Braun, Grau, Lila
Rest Goldbastelpapier
Tonpapier in Türkis, Gelb, Grün (Fransen), Braun
(Haare Siedlerin, Brot)
2 kleine Federn, Schwarzer Filzstift, Roter Farbstift
Rest Schwarzes Satinband (3mm)
Weißes Satinband (5mm)
Versch. Indianer-Fransenborten (Nähzubehör)
Rest Bindschnur, Klebekissen

Im Plan ist markiert, welche Teile einfach benötigt werden, alle anderen zweimal zuschneiden (1 x seitenverkehrt). Jede Figur komplett basteln, Rückseite mit den seitenverkehrten Teilen ergänzen.

Indianer: Die Indianerborten sind, zur besseren Übersicht, nicht eingezeichnet. Borte von vorne nach hinten festkleben. Hinten knapp abschneiden, Fransen kürzen. Rückseite ergänzen, Feder mit einkleben.

Siedlerin: Sie bekommt ein Schürzenband. Band hinter der Schürze ankleben, Rückseite genauso ergänzen, Bänder zu Schleife binden.

Siedler: Das schwarze Satinband wird am Knie unter die Hose geklebt. Hut- und Schuhschnallen sind aus Goldpapier.

Auch hier wurden Klebekissen verwendet (Ärmel u. Keule, siehe Vorlage).

Maximilian Gruselmaus

Der Maximilian würde gern in deinem Garten hausen, da kann er dann immerzu um sein Stöckchen sausen!

Material:
Moosgummi in Schwarz, Lila, Gelb und Weiß
Window-Color in Schwarz, Lila, Gelb, Nachtleuchtend
Kontur-Schwarz, Mobilefolie in klar und matt
Evtl. Rest Metalldrückfolie Silber u. Metallstifte Schwarz
Lila u. Gelb, Holzrundstäbe 8mm Ø
Ummantelter Draht in 1,4 oder 1,5 mm Ø
Holzperlen 10 mm, Rot und 15 mm, Farbe egal
Trinkhalme, Heißklebepistole

Moosgummi-Windrad: Flügelteil aus Moosgummi schneiden. Löcher stanzen (Locher, Schere). Kopf aus Moosgummi basteln, „Nasenloch" mit Nadel einstechen. Draht mehrmals um den Holzstab wickeln, langes Stück abstehen lassen. Holzperle (15 mm) aufstecken. Ein Stück Trinkhalm (ca. 4 cm) vorne u. hinten einschneiden, hochbiegen (siehe Zeichnung), Windrad daraufschieben (evtl. festkleben). Halm und zwei Perlen auf den Draht schieben, letzte Perle ankleben. Kopf festkleben, überstehenden Draht bis auf 3 mm abzwicken. Nasenperle aufkleben.

Window-Color-Windrad: Kopf aus matter Folie anfertigen. Flügelteil aus klarer Folie ausschneiden, lochen, mit Schwarz bemalen. Ansonsten wie Moosgummi-Windrad arbeiten.

Der Kopf kann auch aus Metallprägefolie hergestellt werden. Mit Prägestift prägen (Moosgummi unterlegen), ausschneiden, mit Metallstiften bemalen.

Tipp: Am witterungsbeständigsten ist Moosgummi.

Sensemann

Kommt man in seine Nähe,
er seine Sense schwingt,
doch keine Angst, wie ich das sehe,
in seiner Uhr der Sand noch rinnt.

Material: Fotokarton Schwarz, Weiß, Mittel- u. Dunkelbraun Silber, Gold, Gruselbäume, Sandoptik, Schwarzer Bindfaden, Kürbiss-Glöckchen
Filzstift Gold, Schwarz, 2 goldene Musterklammern

Sensemann hebt die Arme und zeigt sein Gesicht, wenn man an der Schnur zieht!

Beide Arme mit Sanduhr und Sense basteln. Zwei Löcher stanzen: eines für die Klammer, eines für die Schnur. In den Körper die „Gesichtsklappe“ schneiden; gestrichelte Linie nur umbiegen. Körper hinterkleben und anmalen. Löcher für die Klammern machen, in Klappe und Mütze je ein Loch mit einer Nadel stechen.

Sensemann umdrehen, Musterklammern anbringen und Schnüre spannen: 1. waagerecht von Arm zu Arm; 2. von der Klappe durch die Mütze nach hinten und anknoten; 3. lange Zugschnur an der waagerechten Schnur anbringen, Glöckchen anknoten.

TIM BURTON'S
THE NIGHTMARE BEFORE CHRISTMAS
HALLOWEE
Ich hab dich zum Fressen gern!
R.I.P.

Im Gruselkabinett

Material: Fimo Rot, Haut hell
Fimo-Soft Granit, Mandarine, Smaragd, Schwarz, Weiß
Pfefferminz, Sonnengelb, Windsorblau (Grüntöne mischen aus Blau + Gelb; Smaragd + Gelb, Mandarine + Blau)
Modellierwerkzeug (Messer, Zahnstocher, Cutter, Prägestift), Metalldraht 1 mm od. stärker, Zange
Stahlseil (2mm Ø, Baumarkt) u. Krokodilklemmen (Elektronikbedarf)
Reagenzglas, Transparentpapier A3 (zum Unterlegen)

Die genauen Anleitungen für alle Bilderhalter und die Vase gibt's auf dem Vorlagebogen. Mit Fimo zu Basteln ist nicht schwer und macht total Spaß!

Für die Bilderhalter den Draht mit der Zange zu Spiralen biegen oder eine Krokodilklemme auf einem Stück Stahlseil zusammendrücken. Halter ins Fimo einschieben, Figuren im Backofen härten (130°C/30.Min.).

Abrakadabra

Abrakadabra fidibus,
Krötenschleim und Fliegenfuß,
Kristallkugel, sag mir geschwind,
ob meine Lottozahlen richtig sind!

Material:
Fotokarton Blau mit Sternen, Weiß mit Prägung (Bart), Haut, Silber, Grün, Lila, Weiß, Beige
Ockerbraun, Mittelbraun, Schwarz, Rot
Tonpapier Gelb, Orange (Eule)
Window-Color Kirsch, Rubinrot, Perlmutt, Hell-u. Azurblau, Gelb, Orange, Hellgrün
Konturfarben: Flittersilber, Schwarz
Pluster-Pen Mittelgelb, Orange (als Kontur benutzt)
Glitter-Pen Rubinrot, Resedagrün
Mobilefolie, Hologrammflitter zum Aufstreuen
Filzstifte Schwarz, Gold, Buntstift Pink
Nylonfaden, Kreppklebeband
Weiße Spinnweben, Klebekissen

Alle Window-Color-Motive malen und ausschneiden (2x Kristallkugel, Flasche, Blasen, 1x Kerzenschein, Stern, Spinnennetz). Alle Papiermotive zweimal anfertigen (1x seitenverkehrt). Buch, Gesicht und Totenkopf bemalen. Unter Schnurrbart, Knoten und Hand kommen Klebekissen. In die eine Hand die Kristallkugel, in die andere die Flasche kleben. Spinnennetz, Kerzenschein und Stern hinter das Papier kleben. Nylonfaden doppelt legen, auf den Motivrückseiten mit Kreppband fixieren, so dass oben die Schlaufe herausschaut. Rückseite ergänzen, Spinnweben mit einkleben.

Frankie, Ghost & Scheuchi

Es waren mal drei dicke Freunde,
die spukten so gerne durch jedes Haus.
Sie flogen und tanzten durch alle Räume,
nur ungern kamen sie wieder raus!

Material:

3 Tontöpfchen (Boden ca. 2,5 cm Ø)
3 Moosgummikugeln (35 mm Ø)
Filz Weiß, Beige, Schwarz, Lila, Hellgrün
Bastelfarbe (Matt) Weiß, Mittelblau, Lila, Hellgrün
Orange, Pink, Gelb, Braun, Schwarz
Filzstift Schwarz (wasserfester, dick u. dünn)
Rest Märchenwolle Grün, Weiß
2 Schrauben, 1 Pflaster
Naturbast, Roter Buntstift (Rote Backen f. Ghost)

Moosgummikugeln und Töpfchen anmalen und verzieren. Je zwei Arme und Beine aus Filz zuschneiden (Breite 1cm, Arme 8cm lang, Beine 11 cm lang), Knoten reinmachen, mit Heißkleber anbringen. Kopf aufkleben (bei Scheuchi Bast dazwischenkleben, Frankie Schrauben eindrehen), Märchenwolle ankleben. Scheuchis Hut: auf 1 rundes Filzstück (s. Vorlage) eine gedrehte Spitze aus Filz kleben. Mit Bast verzieren und aufsetzen.

Indian Summer

Wir Hörnchen lieben Kürbiss sehr,
als Couch dient er, nach dem Verzehr!

Material: Fotokarton Orange, Ockerbraun, Grün
Regenbogenfarbig, Aufdruck „Blätter, Nadeln Herbstfrüchte“, Natur-Papier „Mulberry“ aprikot
Roter Holzfarbstift, Weißer Kreidestift
Schwarzer Filzstift, 1 Pfeifenputzer Grün, Klebekissen

Im Plan ist gekennzeichnet, welche Teile einfach benötigt werden. Alle anderen zweimal anfertigen (1 x seitenverkehrt). Hier werden viele Klebekissen verwendet (siehe Vorlage). Vorder- u. Rückseite zusammenkleben, Pfeifenputzer dazwischenschieben.

Herbstengel

„Mehr als des Frühlings Drang und Hast, ist es der Herbst, der zu mir passt!"

Material: Fotokarton Beige, Hellgrün, Mittelgrün, Dunkelgrün, Gelb Braun, Orange, Hellblau, Regenbogenfarbig Aufdruck „Blätter, Nadeln, Herbstfrüchte" Rest hellgrüner Filz, Grüner Draht (1,4 mm Ø) Filzstift Schwarz, Farbstift Rot, Braun

In der Vorlage ist vermerkt, welche Teile einfach benötigt werden; alle anderen zweimal zuschneiden (1 x seitenverkehrt). Flügel vorne und hinten bemalen, versetzt aufkleben. Den Draht mit einem Stift zu Spiralen drehen, und mit Heißkleber aufkleben (siehe Vorlage). Rückseite ergänzen. Draht in Kürbiss oder Apfel stecken und schon wippt der Engel vor sich hin!

Einladung zu
Thanksgiving
Timo

Herzlich Willkommen

Material: Briefkarten B6 u. Tischkarten apricot (B6 = 24 x 17cm)
Prägefolie Kupfer, Kupferdraht 1mm
Metallprägestift, Wellpappe Orange
Transparentpapier „Primavera“: apricot, hellgrün
4 Spiegelpailletten grün
Filz Hellgrün, Rocaille-Perlen Hellgrün
Window-Color-Farbe Orange, Moosgummiplatte

Metall-Kürbisse: Kürbissvorlage auf Transparentpapier übertragen. Prägefolie auf Moosgummi legen, Vorlage aufkleben und Linien nachfahren. Motiv ausschneiden. Filzstück zuschneiden, Draht mit Stift zu Spiralen drehen. Kürbiss auf den Filz kleben, Drähte dazwischen. Mit Heißkleber Perlen anbringen.

Karten: Jeweils einen Kürbiss aufkleben, Karten mit Window-Color beschriften.

Serviettenhalter: Metallring (s. Vorlage) prägen. Filz (4 x 13 cm) zuschneiden, zusammenkleben, Folienring darauf.

Tischlaterne: Laterne aus Wellpappe arbeiten. Mit Transparentpapier hinterkleben, an jeder Seite Kürbisse anbringen. Draht zu Spiralen drehen, je zwei Spiegelpailletten (die Spiegel habe ich durch Kupferfolie ersetzt!) am Ende aufkleben. Drähte in die Ecken der Laterne kleben. Aus Prägefolie (1 x 20 cm) 4 Röllchen drehen, als Fuß ankleben.

Achtung: Prägefolie wird beim Kleben mit der Klebepistole sehr heiß!!

Flaschengeist & Teufelsbräu

Wir zwei, wir tanzen gern umher,
drum mach unsre Flaschen niemals leer!

Material: 2 leere Aromafläschchen (Aroma zum Kuchenbacken) ohne Stöpsel, 2 leere Milchflaschen mit Deckel, der sich etwas eindrücken lässt
Kunstharzlack Weiß, Schwarz (od. sonstige Farbe nicht auf Wasserbasis)
Pluster-Pen Weiß, Rot, Gelb, Orange, Schwarz
Window-Color Gelb, Orange, Rot, Grau
Schwarz, Mittelbraun
Konturenfarbe Schwarz
Filzstift Schwarz, wasserfest Bänder u. Tüll,
Schmirgelpapier

Aromafläschchen mit Schmirgelpapier anrauen, mit Lack bemalen (dazu Halterung aus Draht u. Korken machen), dann mit Fun-Linern verzieren, im Backofen aufplustern.. Milchflaschen mit Window-Color verzieren (Feuer direkt aufmalen, Ruine erst auf dünne Folie), Flaschendeckel mit Filzstift anmalen

Milchflaschen randvoll mit Wasser füllen. Aromafläschchen mit gerade so viel Wasser füllen, dass sie im vollen Waschbecken senkrecht schwimmen. Zuviel Wasser rausschütteln. Schwimmen sie einwandfrei, kann man sie in die Flaschen geben, Deckel zudrehen. Drückt man nun auf den Deckel, „tanzen" Geist und Teufel auf und ab. Bleibt das Fläschchen unten, Flasche noch mal öffnen u. schließen oder noch Wasser aus den Aromafläschchen lassen. Mit Bändern schmücken.

Tipp: Aromafläschchen zur Probe erst mal ohne Bemalung tanzen lassen! In's Wasser können auch Streusterne oder Konfetti eingestreut werden.

Erntedank

Material: Fotokarton Ockerbraun, Schwarz
Window-Color Rubinrot, Orange, Gelb, Bernstein
Mittelbraun, Tannengrün, Hellgrün, Kirschrot, Lila
Konturfarbe Schwarz, Mobilefolie
Filzstift Schwarz, wasserfest, Buchsgirlande, Klebekissen
Satinbändchen (3mm) in versch. Farben

Window-Color-Bild malen. Nach dem Trocknen die Kürbisslinien mit der selben Farbe auftragen, Blattadern mit Filzstift malen. Noch mal trocknen.

Wagen und Griff doppelt anfertigen (1 x seitenverkehrt); die kompletten Räder viermal. Die Wagen vorne und hinten auf das Window-Color-Bild kleben. Buchsgirlande mit Heißkleber anbringen, Griff mit Bändchen verzieren.

A little bit of country

Material: Fotokarton Rosa, Schwarz, Rot, Gelb, Naturweiß
Hellblau, Aufdruck Stroh, Wiese
Filzstift Schwarz, dick und dünn
Farbstift Rosa, Filzstift Weiß
Rundstab (5 mm Ø), Klebekissen

Alle Teile einmal zuschneiden und nach Vorlage (zum Teil mit Klebekissen) zusammensetzen. Mit Heißkleber an die Rundstäbe kleben.

Tipp: Wer die Stecker für Draußen basteln möchte, nimmt statt Fotokarton Moosgummi.

Zur Geisterstunde

Drei Gestalten drehen im Zimmer eine Runde.
Ach ja, es ist jetzt Geisterstunde!!

Material: Window-Color Perlmutt, Silber, Glitter-Silber, Hellblau Glitter-Eis, Klar (Gesichter), Krakelee-Medium (für alle Silberflächen) Konturenfarben Silber, Flittersilber, Mobilefolie
Fotokarton Schwarz, Haut, Gelb, Braun, Rosa, Blau-kariert
Schwarzer Filzstift, Nylonfaden, Bindfaden
Holzrundstab 8mm Ø, Holzkugeln 35 mm Ø mit Loch 8mm
Bastelfarbe Anthrazit, Metallkette (ca. 1m, Baumarkt)
Rest Fimo Granit (od. 2 schwarze Pom Poms), Klebekissen.

Die Geister auf Mobilefolie malen und ausschneiden. Das Papiermotiv zweimal anfertigen (1 x seitenverkehrt). Unter das Gesicht des Jungen kommt ein kleines Klebekissen. Holzstab und Kugeln anmalen; Kugeln mit Kontur-Flittersilber verzieren. Die Kettenenden in Fimokugeln drücken und härten (oder Pom Poms ankleben). Bett an die Stange kleben, Kette darumwickeln (siehe Vorlage), mit Nylonfaden sichern, zweites Bett auf der Rückseite anbringen. Geister mit Bindfaden anhängen, Mobile durch zwei Löcher am Bett aufhängen.